CAMILLE

COMÉDIE EN UN ACTE

Représentée pour la première fois à la COMÉDIE-FRANÇAISE,
le 13 mars 1890.

PARIS. — IMPRIMERIE CHAIX, 20, RUE BERGÈRE. — 6424-3-90

CAMILLE

COMÉDIE EN UN ACTE

PAR

PHILIPPE GILLE

C·L

PARIS

CALMANN LÉVY, ÉDITEUR

ANCIENNE MAISON MICHEL LÉVY FRÈRES

3, RUE AUBER, 3

——

1890

PERSONNAGES

———

CAMILLE PRÉLARD, jeune homme
du monde parisien. . . . . MM. COQUELIN CADET.

MURPHY, riche Américain . . . . . DE FÉRAUDY.

PIGATT, pasteur mormon . . . . . LELOIR,

GASTON DE ROSAY . . . . . . , TRUFFIER.

EDITH, fille de Murphy. . . . . Mlle MARIE MULLER.

UN DOMESTIQUE.

QUATRE INVITÉS : HOMMES.

La scène à Paris, de nos jours.

Pour les détails de la mise en scène, s'adresser à la Comédie-Française.

A JULES CLARETIE

SON AMI

PH. GILLE

Mars 1890.

CAMILLE

Le théâtre représente un petit salon très élégant dans un hôtel du quartier Monceau. A gauche, une cheminée devant laquelle sont disposés une table de jeu et des fauteuils. A droite, une table sur laquelle est resté un plateau avec tasses de thé, un citron, une assiette de sandwichs, etc... près de cette table, un fauteuil. A droite, premier plan, un bahut. Porte à deux battants au fond donnant sur les appartements, au deuxième plan à gauche, une baie fermée par une draperie et donnant sur un petit salon; à droite, deuxième plan, une baie également fermée par une draperie et conduisant au grand salon. Au lever du rideau, on entend dans le lointain les dernières mesures d'un quatuor d'Haydn.

(Pendant ces dernières mesures, un domestique apporte un plateau et voyant Pigatt endormi avec une assiette sur ses genoux, la remplace par une autre, garnie de sandwichs.)

SCÈNE PREMIÈRE

PIGATT, ÉDITH.

ÉDITH, entre en applaudissant et s'approche de Pigatt qui est endormi dans le fauteuil à côté de la cheminée, tenant encore une sandwich à la main.

Monsieur Pigatt!... Il dort!... Monsieur Pigatt!... c'est moi... Édith!

PIGATT, les yeux fermés.

Hein ?

1

ÉDITH.

La première partie du concert est terminée!... Vous pouvez vous réveiller un instant!

PIGATT, s'éveillant à demi.

Êtes-vous bien sûre au moins qu'ils ont fini leur musique de chambre?

ÉDITH, riant.

Oh! de chambre... à coucher pour vous! Vous ne faites que dormir! Mais rassurez-vous, ils ne jouent plus!

PIGATT, attendri.

Ils sont bons, au fond! C'est singulier, j'adore la musique, mais je n'aime pas du tout l'entendre!...

ÉDITH.

Là, maintenant que vous avez les yeux bien ouverts et que les invités me laissent libre, voulez-vous répondre et me dire toute la vérité?

PIGATT.

La vérité! comment pourrais-je vous la cacher, moi le plus vieil ami de votre famille, moi votre pasteur mormon, l'inventeur de la vingt-septième variété...

ÉDITH, récitant.

Celle qui défend si sévèrement de faire ce qui est désagréable, et qui ordonne si impérieusement de ne faire que ce qui plaît!

PIGATT, avec joie.

Chère enfant! Elle sait mon texte par cœur!

ÉDITH.

Et celui-ci? (Récitant.) « Toutes les fois qu'un mormon... »

PIGATT, l'interrompant.

Vingt-septième variété... la mienne !

ÉDITH, continuant.

« ... éprouvera quelque difficulté dans la vie, et que nul
» texte ne lui viendra en aide pour la réalisation de ses
» projets, ce mormon pourra ajouter lui-même le verset
» qui lui semblera nécessaire. » (Gaiment.) Est-ce cela ?...

PIGATT, avec modestie.

Oui... je n'ai pas pu trouver mieux !

ÉDITH.

Bon Pigatt !... Mais vous ne me répondez pas !... Je vous
ai demandé toute la vérité...

PIGATT.

Et je vous ai répliqué : comment ne vous la dirais-je
pas, moi votre pasteur Pigatt ! N'ai-je pas tout fait pour
que vous me regardiez comme un des vôtres ? Ne vous
ai-je pas consacré toute ma vie, n'ai-je pas enfin, marié
moi-même, il y a vingt ans, à votre défunte mère, votre
père monsieur Murphy, le richissime Américain ?

ÉDITH.

Vous pourriez ajouter : arrivé à Paris il y deux jours
pour y faire ma connaissance, la connaissance de sa fille !
Eh bien, mon cher Pigatt, je vous avouerai, malgré le res-
pect que je lui dois, que je ne m'explique guère cet accès
de tendresse, entre deux transatlantiques, pour une enfant
envoyée ici, il y a seize ans, comme un colis, sur vos bras
et ceux de mistress Pigatt... Il a beau me dire en homme
fort pressé : « Chère, très chère enfant », me parler de dollars,
ce qui m'ennuie, de coups de revolver, ce qui me fait peur,
au fond, je sens bien que mon cœur ne connaît que vous
deux !

Elle l'embrasse sur le front.

PIGATT, un peu ému.

Posez plus nettement votre question.

ÉDITH.

Mon père, arrivé comme une bombe au milieu de notre existence, vient peut-être pour s'occuper de mon avenir, pour me caser, comme on dit ici... eh bien, dois-je, ou ne dois-je pas aimer M. Camille Prélard, dont vous avez autorisé les visites dans notre maison?

PIGATT, souriant.

Nous y voilà!

ÉDITH.

Deux fois par semaine, à heure fixe, il vient me faire les yeux doux, rougit quand j'entre dans le salon, pâlit dès que j'en sors...

PIGATT.

Et comment savez-vous qu'il pâlit, puisque vous lui tournez le dos?

ÉDITH, vivement.

Oh! cela se sent bien! Enfin, j'en suis à me demander si, décidément, c'est ou non, un prétendant que ce jeune homme qui est toujours planté devant moi en arrêt d'admiration, dont les yeux me disent: Je vous aime, je vous adore, et dont la bouche ne dit rien du tout!.

PIGATT.

Son intime, M. Gaston de Rosay qui nous l'a présenté, affirme que c'est pure timidité.

ÉDITH.

Eh bien, il faut qu'il perde cette timidité pour que je puisse savoir si je dois ou non...

PIGATT.

Vous laisser aimer?

ÉDITH, vivement.

Oh! cela c'est fait!... mais l'aimer moi... Enfin je veux savoir...

PIGATT, confidentiellement.

Eh bien... apprenez-la donc toute la vérité!

ÉDITH.

Comme vous devenez solennel!

PIGATT.

C'est forcé, vous allez voir : Mistress Pigatt m'ayant fait remarquer que M. Camille Prélard vous regardait avec les yeux que vous disiez, et tous nos amis d'ailleurs, ayant reconnu que M. Prélard était un prétendant discret... agréé...

ÉDITH, vivement.

Pas encore!

PIGATT, souriant.

Agréable?

ÉDITH, avec expression.

Oh! oui!

PIGATT.

J'ai télégraphié à M. Murphy, que je n'avais pas vu depuis seize ans, que nous sommes à Paris : « Arrivez, ai » trouvé gendre millionnaire, avec ancêtres épiciers ».

ÉDITH.

Comment? Vous avez fait cela?

PIGATT.

Certainement. Et au bout d'une heure, le télégraphe est
encore bien imparfait! M. Murphy m'a répondu : « Je
» quitte mines, je vous verrai, embrasserai, marierai fille
» et reviendrai tout de suite. » Il a quitté mines, a vu, em-
brassé fille, va la marier et repartir.

ÉDITH.

Ce n'est pas possible!... Mais ce pauvre père va être bien
occupé pour faire tant de choses à la fois!

PIGATT.

Vous comprenez que, dans ces conditions, il faudra bien
que M. Prélard en arrive à s'expliquer avec lui.

On entend un bruit de conversation dans le salon.

ÉDITH, regardant à droite.

Ah! mon Dieu! voilà mon père qui vient vers nous
avec M. Prélard et M. Gaston!

PIGATT, même jeu.

Ils ont l'air d'être déjà les meilleurs amis du monde!

ÉDITH, troublée.

Peut-être qu'il parle de moi?... J'aime mieux ne pas
être là... Je vais retrouver les invités qui attendent la fin
du concert... je me sauve! (Fausse sortie.) Monsieur Pigatt?
monsieur Pigatt? pas un mot, je vous en supplie.

PIGATT, prenant une sandwich et se préparant à la manger.

Je suis muet!... (La rappelant.) Ah! une pensée : quel dom-
mage que l'homme ne puisse contenir qu'un certain nombre
de vérités...

ÉDITH, riant.

Et de sandwichs!

Elle se sauve.

SCÈNE II

PIGATT, MURPHY, PRÉLARD, GASTON,
QUELQUES INVITÉS, HOMMES.

Deux invités vont s'installer à la table de jeu, les autres sortent par la porte du fond.

MURPHY, s'appuyant sur le bras de Prélard.

Vous aurez beau dire, c'était de l'indécision ! Et l'indécision... jamais ! Que voulez-vous ? il n'était pas malhonnête, ce régisseur, mais irrésolu, ce qui est insupportable !

PRÉLARD.

Oui, monsieur...

MURPHY, à Prélard et à Gaston.

Pardon, messieurs !

Il remonte vers la table de jeu.

PRÉLARD, bas à Gaston.

Gaston ! Gaston ! il me semble qu'il m'a regardé en disant cela.

GASTON.

Peut-être bien !

MURPHY, revenant à Prélard.

Sa timidité avait failli compromettre mon autorité dans les mines !... je ne lui en voulais pas, c'était un bon et honnête garçon, mais l'exemple !... J'ai dû lui brûler la cervelle.

PRÉLARD, interdit.

Oui, monsieur!

GASTON, interdit.

Comment!

MURPHY, gaiement et faisant le geste.

Comment?... Paf!... là... à la tempe...

PRÉLARD.

Ah! mon Dieu!...

MURPHY.

Tranquillisez-vous!... Je l'ai remplacé tout de suite... par un autre... un gredin, celui-là!... Je le savais, mais l'intelligence et l'autorité même!... Il m'a fait rentrer quatre-vingt mille dollars et pendre quatre mineurs dès la première semaine! le vrai type du factotum... Quand j'ai eu réglé ainsi mes affaires, j'ai envoyé ici une partie de ma fortune, ma fille, mes domestiques, ma religion... représentée par Pigatt. (Il tend la main à Pigatt.) Brave Pigatt! et je me suis installé dans les mines où je vis depuis seize ans, comme un bon père au milieu de ses enfants, toujours le mot aimable à la bouche et le revolver à la main! (Il rit.) Ah! ah!

GASTON.

C'est superbe!

MURPHY, à Gaston.

N'est-ce pas, monsieur?... (Il cherche.) Monsieur? (A Pigatt.) (L'appelant d'un signe.) Hum! (Il lui montre Gaston.) Comment s'appelle-t-il celui-là?

PIGATT.

Gaston de Rosay.

MURPHY.

Ce n'est pas mon gendre ?

PIGATT.

Non ! pas celui-là...

MURPHY.

Alors, c'est l'autre ?

PIGATT.

Oui !

MURPHY.

Enfin !

Il écrit sur son cabine.

GASTON, à Prélard.

Dis donc quelque chose...

PRÉLARD, bas.

Il m'embarrasse... Il me trouble !... (*Haut, et s'approchant de Murphy.*) Délicieux ! Délicieux !

MURPHY.

Quoi ?... Ah! oui, ce que je viens de raconter... Bref, je serais encore là-bas, sans le télégramme de mon ami Pigatt, pasteur de la vingt-septième variété des mormons... (*A Pigatt.*) C'est toujours bien la vingt-septième ?...

PIGATT.

Toujours !

MURPHY.

C'est qu'il la perfectionne indéfiniment... et je ne sais jamais où nous en sommes... (*A Gaston qui sort.*) Vous la connaissez ?

1.

GASTON.

Absolûment... Elle est charmante !... on ne fait que ce qu'on veut, on se pardonne à soi-même ses fautes, crimes ou délits, on les recommet...

MURPHY.

On se le repardonne !

GASTON.

On se les repardonne, on pardonne à tout le monde... même à ceux qui nous ont fait du bien !

PIGATT.

Oui, c'est cela !...

MURPHY.

Brave Pigatt ! j'avais bien raison de compter sur toi et sur mistress Pigatt !... (A Prélard.) Ils veillaient tous deux sur ma fille, pendant que j'étais là-bas... et j'y serais encore, s'il ne m'avait pas télégraphié qu'il était temps de la marier...

PRÉLARD, indifférent.

Oui, monsieur...

MURPHY, se tournant vers Prélard.

... Oui, mon cher monsieur !... (Appelant Pigatt.) Hum !... Comment s'appelle-t-il ? celui-là !

PIGATT.

Lequel ?

MURPHY.

L'autre !

PIGATT, bas.

Camille Prélard.

MURPHY, bas.

Ah ! oui, je me souviens !... c'est mon gendre ?...

Il prend son calepin et écrit.

GASTON, bas, à Prélard.

Enfin !... Va donc... dis donc quelque chose ?

PRÉLARD, désignant Murphy qui écrit en le regardant.

Il dessine ! Est-ce qu'il prend mon signalement ?

MURPHY, faisant un signe de la main.

Hum !... (A Gaston qui passe devant Prélard.) Non ! L'autre. (Gaston remonte un peu. A Prélard.) Vous m'attendiez, je le sais, avec impatience.

PRÉLARD, étonné.

Moi, monsieur ?

MURPHY.

Parbleu !

PRÉLARD, étonné.

Hein ?...

GASTON, bas, à Prélard.

C'était convenu avec moi.

PRÉLARD, bas.

Malheureux ! Tu m'as perdu !

MURPHY, à Prélard.

Vous dites ?...

PRÉLARD.

Rien !

MURPHY, à part.

Il est drôle, ce fiancé... il ne m'a encore fait aucune allusion à... c'est bien étonnant !

GASTON, bas à Prélard.

Ça va très bien !

MURPHY.

Pigatt !

PIGATT.

Me voilà !...

MURPHY.

Venez donc faire une partie... (A part.) Nous causerons.

PIGATT.

A l'instant.

MURPHY.

Triche-t-on à Paris ?

PIGATT.

Il y a des cercles spéciaux pour cela.

MURPHY.

Demi-civilisation !... Mais entre soi ?...

PIGATT.

Oh ! nous pouvons !

MURPHY, très gaîment.

Eh bien, nous tricherons !... cela me rappellera mes bonnes soirées de là-bas !

GASTON, bas à Prélard.

Es-tu assez heureux d'avoir un ami comme moi !

PRÉLARD.

Mais, qui est-ce qui te prie de te mêler de mon bonheur ?

GASTON.

On aime ses amis ou on ne les aime pas !

PRÉLARD, furieux.

Tu m'aimes trop !

MURPHY, à Pigatt, s'asseyant à la table de jeu.

Dites donc, votre monsieur Prélard... Qu'est-ce que c'est ?

PIGATT.

Très bien !... Très bien ! Un peu timide !

MURPHY.

Il a l'air d'un... comment dites-vous cela ici?... Ce petit oiseau jaune des îles... tout jaune, mais qui chante beaucoup... lui !...

PRÉLARD, à Gaston qui écoutait ce que disait Murphy.

Quoi ?

GASTON.

Il parle déjà de toi comme de son gendre !

PRÉLARD, très ému.

Son gendre ! Il est temps de faire cesser cette exécrable plaisanterie !

GASTON.

Une plaisanterie ?... Rien de plus sérieux !... tout est fini !... tu es marié, et je ne te plains pas !... Tu épouses une des plus jolies Américaines de la colonie, comme on dit à Paris.

PRÉLARD, avec transport.

Jolie!... dis donc qu'elle est belle!...   donc qu'elle
est...

GASTON.

Aimable?

PRÉLARD, même jeu.

Adorable!... quand elle s'avance vers moi, dans cette
robe blanche... il me semble voir glisser un ange des
bords de l'Hudson... pas un mot de sa bouche, pas un
mouvement de sa grâce qui ne m'enivrent, qui ne me
rendent fou!... (Il donne un coup de poing sur le fauteuil, Murphy se re-
tourne.) Pardon!

GASTON.

Quel mari tu vas faire!

PRÉLARD.

Ah!... Cette union est impossible!... je ne la veux pas!...
et je ne dois pas... honnêtement...

GASTON, l'interrompant avec une fausse gravité.

Compris! Probablement quelque vertueuse dame qui t'a
domestiqué à son cœur, une jolie bourgeoise sèche ou ronde,
brune ou blonde, mariée certainement, et dont tu es le
seul, le premier et le dernier amour; dont la fidélité est
terrible!

PRÉLARD.

Tu ne sais pas ce que tu dis!

GASTON.

Mais si! Nous avons encore en France des femmes mariées qui sont fidèles à leurs amants!

PRÉLARD.

Si ce n'était que cela!... tu ne vois donc rien! tu ne

comprends donc rien! tu ne devines donc rien!... un secret,
un mystère qui ne sortira jamais (frappant sur son cœur et indiquant sa bouche.) de là! ni de là!

GASTON.

Ah! ah! alors, laisse-moi chercher.

PRÉLARD.

Non!... tu pourrais trouver!... tu parlerais!... je serais
perdu!... ridicule pour elle! (A part.) et tout cela pour de
misérables paperasseries! (Haut.) elle rirait comme elle rit,
tu sais, et moi je me tuerais!

GASTON, cherchant.

Est-ce que l'émotion?... toi, un Don Juan! toi, si crâne
sur tous les terrains!

PRÉLARD.

Assez!... tu me rendrais fou!

MURPHY, l'appelant.

Monsieur Prélard!...

PRÉLARD.

Monsieur!...

MURPHY.

Venez donc juger ce coup...

PRÉLARD.

Avec plaisir.

MURPHY.

Voilà Pigatt qui prétend que je n'ai pas le droit de mar-
quer deux fois le roi!...

PIGATT.

Mais non, monsieur !... vous savez bien qu'on ne doit tricher qu'avec les cartes !... jamais avec la marque... c'est la règle !

MURPHY, se levant.

C'est vrai !... je suis battu !...

PIGATT, se levant.

Vous vous rappelez bien ?... on triche avec la marque !

MURPHY.

Avec les cartes !

PIGATT.

Non ! la marque !

MURPHY.

Enfin, comment triche-t-on ?

PIGATT.

On triche... On triche suivant sa conscience !

Il sort.

MURPHY, à Gaston.

Il ne sait plus jouer !

SCÈNE III

LES MÊMES, moins PIGATT.

MURPHY.

Eh bien, monsieur Prélard, venez donc remplacer Pigatt... ce brave Pigatt !... (il rit.) Ah! ah! ah! ah!

GASTON, bas, à Prélard.

Tu vois, il est très aimable!

PRÉLARD.

Oui, mais son rire me glace.

GASTON, bas.

Vite, ta demande!

PRÉLARD.

Impossible! je te dis...

GASTON, montrant Murphy.

Tu l'as vu sourire?... Tu as vu ses dents?...

PRÉLARD.

Oui, eh bien?...

GASTON.

Ces dents là, avaient pour grand'mères des dents qui mangeaient de la chair humaine pour célébrer une victoire ou pour venger un affront.

MURPHY, de son fauteuil.

Eh bien! monsieur Prélard?...

GASTON.

Réfléchis!...

PRÉLARD.

Me voici, monsieur!

SCÈNE IV

LES MÊMES, ÉDITH.

ÉDITH, à Gaston.

Vite! vite! dites-moi où en est la question qui m'in-
téresse?

GASTON.

Celle de l'équilibre européen?

ÉDITH.

Laissons les enfantillages!... Lui! lui! a-t-il parlé?

GASTON, montrant Prélard et Murphy à la table de jeu.

Regardez!... ils s'expliquent!

MURPHY, jouant.

Le roi, la dame, atout, passe pique et atout. (Brusquement.)
Alors, vous ne savez pas jouer?

PRÉLARD.

C'est vrai! Je l'avoue!

MURPHY.

Eh bien, on le dit!...

PRÉLARD.

Je n'ai pas osé...

MURPHY, se levant et amenant Prélard près de la cheminée.

Tenez, causons, j'aime mieux cela!

ÉDITH, avec joie.

Je l'avais deviné... mon cœur me disait bien qu'il s'agissait de moi.

GASTON.

Oui... les pressentiments... ça existe! ainsi un jour...

ÉDITH.

Non! autre chose... Vous êtes l'ami de M. Prélard?

GASTON.

Oh! pour ça, oui!

ÉDITH.

Vous connaissez ses secrets?

GASTON.

Je n'en suis pas bien sûr!

ÉDITH.

Vous avez juré de les garder?

GASTON.

Peut-être!

ÉDITH.

Alors dites les-moi?

MURPHY.

Mais...

GASTON, écoutant.

Non! écoutez plutôt ce qu'ils disent.

MURPHY, à Prélard.

Ah! vraiment?

PRÉLARD.

Oui, monsieur, c'est absolument comme j'ai l'honneur
de vous le dire!

MURPHY, à Prélard, se levant.

Continuez!... je l'adore aussi!... sans la connaître assez...
malheureusement!... Que voulez-vous les affaires, les occu-
pations...

ÉDITH, avec bonheur.

C'est de moi qu'il parle! (Haut.) Mon père...

MURPHY.

Chère, très chère enfant! C'est si captivant... (Il embrasse
Édith.) la question des sucres!

ÉDITH, indignée.

La question des sucres! il s'agit des sucres à présent!
Eh bien, et moi?

GASTON.

Attendez!

MURPHY, avec feu.

Je savais que vous étiez d'une famille de raffineurs. Pigatt
me l'a écrit.

PRÉLARD, embarrassé.

Ah! monsieur Pigatt?... (A part.) Il a fait une jolie
besogne!...

MURPHY.

Vous dites?

PRÉLARD.

Rien.

MURPHY.

Revenons à notre récit!... Alors ce négociant dont vous me parliez était un simple épicier français?

PRÉLARD.

Oui, monsieur.

MURPHY.

C'est la vraie noblesse aujourd'hui! Et vous dites?

PRÉLARD.

Je disais que cet épicier était devenu quarante fois millionnaire pour avoir su, sous le premier Empire, prévoir le blocus continental...

MURPHY.

Et puis?

PRÉLARD.

Il avait acheté à vil prix la totalité des sucres français et les avait revendus à un taux formidable...

MURPHY.

Oh!

PRÉLARD.

Tous les épiciers, ses compatriotes, furent ruinés du coup!

MURPHY, au comble de l'admiration.

Ruinés du coup!... ses compatriotes!... Bravo!... monsieur, ces gens-là sont l'honneur et la gloire d'un pays!... et comment s'appelait cet homme de génie? son nom est-il au moins inscrit sur votre arc de triomphe!

PRÉLARD, simplement.

Non!... C'était mon grand-père!

MURPHY.

Votre grand-père! Relevez la tête! Ah! tenez, je suis ému jusqu'aux larmes!

GASTON, à Édith.

Quand je vous ai dit que cela marchait!

EDITH, impatientée.

Mais, il n'y a que la question des sucres qui marche.

GASTON.

Attendez! Votre tour va venir!

MURPHY, à Gaston.

Charmant! Tout à fait charmant votre ami... Écoutez-moi... il faut en finir; voilà deux jours que je suis ici, je le connais déjà depuis une demi-heure, comment ne m'a-t-il pas encore demandé la main de ma fille?... C'est du temps perdu.

GASTON.

Nerfs, timidité.

MURPHY.

Comment?

GASTON.

Impressionnabilité... tenez, c'est... comme... si...

MURPHY.

Ne m'expliquez pas, nous perdrions du temps... Je me résume... je veux retourner là-bas, où les braves cœurs qui me remplacent doivent me voler très sérieusement. Pour cela, il faut qu'Édith soit mariée... Pas de formalités... Tout va donc être terminé ce soir... à l'instant.

GASTON.

C'est peut-être bien vite ?

MURPHY.

En voilà assez! vous allez voir comment j'expédie les affaires!...

GASTON, effrayé.

Sapristi !

MURPHY.

Monsieur Prélard !

GASTON.

Un instant, je vous prie ! (Il fait signe à Prélard qui causait avec Édith et les invités de ne pas venir.) Reste là toi !

MURPHY, à Gaston.

Pourquoi pas là, tout de suite ?

GASTON.

Je crois que le mieux serait de laisser les amoureux s'expliquer un instant !...

MURPHY, surpris.

... S'expliquer! mais il y a longtemps que c'est fait! je suppose qu'ils se disaient quelque chose, quand ils étaient seuls, quand ils sortaient ensemble.

GASTON.

Cela n'est jamais arrivé !... je vous le jure ! Pas la moindre flirtation.

MURPHY.

Comment, ils n'ont pas flirté? Qu'est-ce qu'ils faisaient donc ? Mais alors ma fille n'est pas compromise?

GASTON, *vivement.*

Certainement non!

MURPHY.

Oh!

GASTON.

Les jeunes filles ne se compromettent pas en France...
avant d'être mariées.

MURPHY.

Et elles trouvent des gens qui viennent les épouser tout
simplement comme cela?

GASTON.

Tout simplement, comme cela!...

MURPHY, *surpris.*

Ah! les pères Français sont d'une imprévoyance!...
Faisons ce que vous dites... Laissons-les. (*Après avoir réfléchi.*)
Ah! au fait, j'ai compris... (*Gaîment et en confidence.*) Nous par-
tons sans avoir l'air de rien... et nous rentrons tout d'un
coup... les surprendre!... Alors il faudra bien... (*riant.*) Oui,
oui, j'ai compris! Je vais chercher mon revolver...

GASTON, *effrayé.*

Non! non! pas de revolver. (*à part.*) Il est enragé!... (*haut.*)
Venez seulement avec moi... laissez-moi faire. (*à Édith qui
s'est approchée descendant par écouter.*) Mademoiselle.

ÉDITH.

Monsieur?..

GASTON.

Vous voyez mon ami Prélard, il meurt de soif.

PRÉLARD, s'approchant.

Mais non ! mais non !

GASTON, insistant.

Mais si !... tu meurs de soif !... Il est tellement timide
ce soir, qu'il n'ose pas vous demander une tasse de thé.

ÉDITH.

Timide à ce point ?

PRÉLARD, à Gaston.

Tu vas trop loin !... je t'assure !...

GASTON, bas à Prélard, très sérieux.

Oh ! il faut en finir ! Il n'y a pas à rire avec ce père-là !

MURPHY.

Chère, très chère enfant !

GASTON, à Murphy.

Allons retrouver vos autres invités !

MURPHY, impérieusement aux deux invités qui jouent.

Messieurs, au buffet !... (Les invités sortent par la porte du fond.
Le rideau de toile se referme.) Drôle de pays !.. drôles de mœurs !...
drôles de gens !...

Il sort avec Gaston.

SCÈNE V

ÉDITH, PRÉLARD

ÉDITH, près de la table et l'invitant à s'approcher.

Monsieur Prélard ?

2

PRÉLARD, regardant Édith qui prépare le thé.

Mademoiselle!... (A part et avec passion.) Quel charme dans toute sa personne, dans ses moindres mouvements, et pourquoi faut-il que la malchance!...

ÉDITH, préparant le thé.

Vous avez dit?

PRÉLARD, la regardant avec amour.

Presque pas de sucre!

ÉDITH, souriante.

Comme vous dites cela!

PRÉLARD, avec sentiment.

Comme je le pense, mademoiselle.

Il soupire.

ÉDITH, le regardant.

Timide!... Il paraît qu'en France, c'est toujours aux femmes de commencer! (Haut.) Monsieur Prélard?

PRÉLARD.

Mademoiselle!

ÉDITH, baissant les yeux.

Est-ce que vous n'auriez pas par hasard quelque chose à me dire?

PRÉLARD, vivement.

Si, j'ai quelque chose à vous dire! (S'embarrassant.) Oh! oui... j'ai... mais pouvez-vous me le demander quand vous me voyez pâlir, trembler... devenir un personnage absolument insensé, tant je vous...

ÉDITH, l'encourageant.

Tant vous me...

PRÉLARD, il fait un effort pour parler.

Tant je vous!... (Changeant subitement de ton.) demanderai encore un petit morceau de sucre.

ÉDITH, souriant.

Vous l'aimez donc beaucoup?

PRÉLARD, avec passion.

Je l'adore!

ÉDITH, à part.

Comme ils aiment le sucre ce soir!... (Haut.) En voilà un autre morceau... (Silence. A part.) Si je mentais un peu pour lancer la conversation. (Haut et avec une indifférence affectée.) Vous savez que nous allons partir pour l'Amérique?

PRÉLARD, tranquillement.

Oh! pas vous!... votre père seulement (Gaîment.) et j'avoue que...

ÉDITH.

Mais je pars avec lui!

PRÉLARD, hors de lui.

Hein!... Ah! non, par exemple!... Mademoiselle!... Je n'admets pas que vous vous éloigniez ainsi, après que...,

ÉDITH.

Après quoi?...

PRÉLARD, embarrassé.

Après que...

ÉDITH, souriant.

Après que... je vous ai donné trois morceaux de sucre?

PRÉLARD.

Pardonnez-moi, mais je ne sais plus ce que je dis!

ÉDITH,

Je m'en doutais bien un peu.

PRÉLARD, avec éclat.

Est-ce que la bouche est maîtresse de ses paroles quand...

ÉDITH, raillant.

Très bien!... allez donc!... Quand?... (à part.) L'y voilà.

PRÉLARD.

Quand... impossible!... Tenez, mademoiselle, j'aime mieux m'en aller... (il se lève.) que de m'offrir un supplice que n'aurait pas inventé Louis XI qui a pourtant laissé la réputation d'un homme fort cruel. Mille pardons... mais une affaire importante...

ÉDITH, blessée.

A onze heures? C'est bien inventé...

PRÉLARD, tirant sa montre sans y regarder et la tendant à Édith.

Voyez... il est même onze heures et demie...

ÉDITH, la prenant.

Mais votre montre est comme vous, elle ne sait pas ce qu'elle dit!... elle marque cinq heures et sept minutes.

PRÉLARD, troublé.

Cinq heures et sept minutes!... Ah! oui!... rendez-la moi, mademoiselle!... elle n'est pas à moi, et ce secret...

ÉDITH, gardant la montre.

Vous portez une montre qui ne vous appartient pas... et il y a un secret! Ah! par exemple! Je ne vous la rendrai pas avant de le savoir!

PRÉLARD, après avoir hésité.

Eh bien, soit, mademoiselle!... Figurez-vous... oh! mais promettez-moi de ne pas rire... je sais que vous ne pardonnez jamais à ceux de qui vous avez ri!... Vous le jurez?

ÉDITH.

C'est beaucoup m'engager.

PRÉLARD.

Figurez-vous qu'un homme jeune, du monde, au regard doux, franc et loyal... (à part.) Je puis bien le dire, puisqu'elle ne sait pas que c'est de moi que je parle. (haut.) sensible comme on l'est à vingt six ans et demi, se trouvant avec la plus charmante jeune fille que le ciel ait créée un jour de printemps, ramassa une fleur d'églantier qui venait de tomber de ses cheveux.

ÉDITH.

Blonds? peut-être...

PRÉLARD, prêt à dire : oui, se reprend vivement.

Non, non! bruns, très bruns,... autour des épines de sa tige s'était enchevêtré un cheveu fin, si fin qu'un souffle l'eût emporté comme un fil de la vierge, comme un fil de soie.

ÉDITH.

De soie... blonde?

PRÉLARD, vivement.

Non !... Toujours noire!... L'insensé... oh! non! il avait bien toute sa raison, déroula en tremblant ce cheveu qui était une parcelle d'elle-même, de sa divine personne, et, pour être plus sûr de ne pas le perdre, il le mit précieusement dans sa montre... mais les aiguilles, les méchantes aiguilles, ne comprenant pas l'honneur qui leur était fait,

2.

l'attirèrent, l'enroulèrent et s'arrêtant, fixèrent la montre à cinq heures sept minutes! Depuis ce moment-là, mademoiselle, l'heure n'a plus changé pour lui, et que ce soit le jour ou la nuit, tant qu'il vivra, il sera toujours pour moi... (Mouvement d'Édith.) (Se reprenant.) Non! pour lui! pour lui!... Cinq heures et sept minutes... (Silence.)

ÉDITH, émue.

Mais un horloger pourrait bien?...

PRÉLARD.

Ah! ne me parlez pas de ces gens-là!... Ils gardent les cheveux!...

ÉDITH.

Que voulez-vous qu'on fasse d'un cheveu... si noir?

PRÉLARD.

Oui,... de plus en plus noir!

ÉDITH, regarde de côté la montre, puis vivement et avec bonheur.

Il est blond! (Elle rend la montre à Prélard.) Reprenez votre montre. (Silence. — Édith et Prélard se regardent avec émotion.) Et... sait-elle... cette heureuse... brune... que vous... (vivement.) Qu'on 'aime ainsi?...

PRÉLARD.

Elle ne le saura jamais!

EDITH, très émue.

Et pourquoi ne pas dire à cette jeune fille, si tendrement, si délicatement aimée, ce qu'on ressent pour elle? Elle serait sûrement heureuse et fière... et songez que si c'est difficile à dire pour lui, peut-être serait-ce bien doux aussi à entendre pour elle.

PRÉLARD.

Ah! ne me tentez pas, mademoiselle, et pensez que si je ne vous dis pas... si je ne... si je...

ÉDITH.

Mais parlez donc! dites donc ce fameux secret! Quand vous auriez commis un crime, il faut l'avouer... il est peut-être intéressant ce crime!... il y en a de beaux... dans l'histoire! d'abord on ne nous apprend que cela, au cours.

PRÉLARD.

C'est vrai!... mais... malheureusement, je n'ai commis aucun crime, je vous le jure!

ÉDITH.

Qu'est-ce donc alors? Voyons... (riant.) Avouez tout...

PRÉLARD.

Non, vous ririez, et j'aime mieux encore votre colère que votre rire charmant et redoutable!

ÉDITH, blessée.

C'est trop fort, à la fin! et vous me faites injure en me parlant comme à une pensionnaire qui ne sait que rire. Je suis à bout de patience, et, je vous dirai que, quand on ne veut pas passer pour un personnage grotesque et ridicule, il ne faut pas tout faire pour paraître à la fois l'un et l'autre!

PRÉLARD, implorant.

Mademoiselle!

ÉDITH.

Ridicule?... Eh bien oui, vous l'êtes, et je veux rire de vous comme des autres! plus que des autres! (Elle rit nerveusement et mord avec rage le bout du citron qu'elle roulait dans ses mains impatientement depuis quelques instants. Puis, avec un accent de douleur contenue.) Ah! c'est bien amer!...

PRÉLARD, levant les yeux au ciel.

La vie, n'est-ce pas ?

ÉDITH, jetant le citron sur la table.

Non ! le citron !...

Elle regarde Prélard avant de sortir et éclate d'un rire nerveux en s'en allant.

PRÉLARD.

Elle rit ?... Elle pleure !...

SCÈNE VI

PRÉLARD, Un Domestique, puis MURPHY et GASTON.

Prélard, très ému, vient s'asseoir près de la table ; un domestique entre ; au moment où il va enlever le plateau qui est sur la table, Prélard prend vivement le citron qu'Édith y a jeté ; le domestique sort par la porte du fond, après l'avoir considéré avec un peu d'étonnement. Dès qu'il est sorti, Prélard regarde autour de lui et, se croyant seul, contemple avec tendresse le citron qu'il vient de prendre.

PRÉLARD, comme en extase.

L'empreinte de ses dents ! (Il l'approche de ses lèvres et le mord en fermant les yeux avec l'expression du plus vif bonheur.) O délices sans pareilles ! (Pendant ce temps, Murphy et Gaston se sont avancés sur la pointe du pied en échangeant gaiment des signes d'intelligence, et sont arrivés de l'autre côté de la table devant laquelle Prélard est resté debout les yeux fermés ; il les rouvre lentement et voit devant lui Gaston et Murphy qui lui sourient.) Ah ! bah !

MURPHY, gaiment.

Ah ! ah ! ah ! mon gaillard !

GASTON, gaiment.

Et allons donc !

PRÉLARD, immobile.

Je vous assure !

MURPHY.

Inutile de vous défendre ! Je sais tout et je suis pressé... vous êtes timide, malgré votre fortune très belle, moindre que la mienne, et vos vingt-six ans et demi. Et bien, je vous éviterai tous les embarras d'une demande en mariage. Vous aimez ma fille ?

PRÉLARD, avec transport.

Cent fois, mille fois plus qu'on ne peut l'imaginer !

MURPHY.

Ce n'est que juste ce qu'il faut ! Je sais que vous lui plaisez... votre fortune est considérable, la mienne l'est plus; vous n'avez pas de maîtresse, pas de chaîne, vous ne dépendez que de vous, vous me demandez ma fille et je vous la donne. Fixez-vous-même la date et l'heure du mariage; je partirai quarante minutes après, ce sera un jour de bonheur pour tout le monde.

PRÉLARD, tombant assis dans un fauteuil.

Ah! mon Dieu... nous y voilà !...

MURPHY, à Gaston.

C'est l'émotion ?

GASTON.

Oui, oui, la joie...

MURPHY.

Je comprends.

PRÉLARD, avec angoisse.

Je suis touché, très touché, je vous l'assure, mais ce mariage, le rêve de ma vie, ne peut...

MURPHY.

Hein ?

GASTON.

Comment ?

PRÉLARD.

... ne peut s'accomplir !

Mouvement de Murphy.

GASTON.

Tu es fou !... voyons...

MURPHY, souriant.

Laissez-le !... Je sais que les grandes émotions produisent de ces singuliers effets... ainsi tenez, mon grand-père avait un ami qui allait être scalpé... non, ce serait trop long à vous raconter.

PRÉLARD, toujours ému.

Monsieur... pardonnez-moi !... car... si... pourtant... cependant...

MURPHY.

Non ! j'aime votre trouble et vos paroles qui n'ont aucun sens ; prenez tout le temps de vous remettre avant une demi-minute, et indiquez vous-même le jour de la cérémonie.

GASTON.

Mais va donc !

MURPHY, il tire son calepin et se prépare à écrire.

Hé bien ? le jour ?

PRÉLARD, après un silence.

Ce mariage... est impossible !

MURPHY, se redressant étonné.

Hein?... (il rit.) Ah! ah! ah!

> Il se dirige vers le bahut de droite.

PRÉLARD, à part.

Il est gai, lui!...

GASTON.

Eh bien! veux-tu que je te dise? je n'aime pas du tout
ce rire-là...

MURPHY.

Très farceurs les Parisiens!

> Il prend un revolver dans le bahut.

GASTON.

Qu'est-ce qu'il fait?

PRÉLARD.

Il range, peut-être!

MURPHY, revenant, tenant le revolver derrière son dos.

Vous avez bien dit, n'est-ce pas, que ce mariage était
impossible?

> Il fait un pas vers Prélard.

GASTON, voulant se placer entre Prélard et Murphy.

Un instant!

PRÉLARD, écartant Gaston de la main et se montrant à découvert
à Murphy.

Non, non! Allez! monsieur!

MURPHY, retirant la baguette du revolver et l'ajustant.

Tenez!

GASTON, arrêtant Murphy.

Demandez-lui au moins pourquoi?

MURPHY.

Soit! Et pourquoi ce mariage est-il impossible?

PRÉLARD, anéanti.

Parce que...

Silence.

MURPHY, l'ajustant de nouveau.

Ah! c'est trop attendre!

GASTON, l'arrêtant.

Monsieur!... (A Prélard.) Mais parle donc!

PRÉLARD, vivement.

Parce que... je ne peux pas être considéré comme un homme!

PIGATT, qui a passé sa tête par la draperie de gauche.

Ah!

ÉDITH, même jeu par la draperie de droite.

Ah!

Les draperies se referment.

MURPHY.

Pas un homme!

GASTON.

Qu'est-ce qu'il chante?

MURPHY, menaçant.

Ah! monsieur!... (Avec dédain.) Non, pas monsieur... rien du tout!... je me vengerai de cet abus de confiance.

GASTON.

Justifie-toi donc!... dis-lui donc que ce n'est pas vrai!

MURPHY, méprisant.

Vous êtes donc un homme ?

PRÉLARD, indigné.

Mais oui!...

PIGATT, même jeu que plus haut avec satisfaction.

Ah!

ÉDITH, même jeu.

Ah!

Les draperies se referment immédiatement.

MURPHY, menaçant.

Alors?

GASTON.

Non !... Laissez-le parler !

MURPHY.

Soit, allez !...

Il regarde l'heure.

PRÉLARD, très ému.

Vous avez droit, monsieur, à toutes mes explications...
J'espérais ne rien vous révéler, j'espérais que tout s'arran-
gerait, mais l'amour a été si fort; mais les événements se
sont succédé avec une telle rapidité... Je suis né à Paris
le 24 juin 1859, le jour même de la bataille de Solférino.

MURPHY.

Vous n'allez pas nous raconter l'histoire de France,
maintenant ?

3

PRÉLARD.

Non, monsieur ; je fus déclaré à la mairie de mon arron-
dissement ; malheureusement, quand on me porta au
bureau.

MURPHY.

Un accident de voiture ?

PRÉLARD.

Non, monsieur.. quelque chose de moins fréquent à Paris !... Cette victoire, à laquelle mon âge me rendait insen-
sible, avait jeté un grand désarroi dans nos administrations;
dans les mairies surtout, où l'on avait accordé un congé
aux employés. Il paraît que l'expéditionnaire qui devait
enregistrer ma naissance fut troublé par la crainte de voir
apporter un retard à ce congé, si bien qu'au lieu de :
Camille,.... pardonnez-moi mon émotion,... si bien qu'au
lieu de Camille, sexe masculin, il écrivit sur mon acte :
Camille, sexe...

MURPHY.

Féminin ?

GASTON.

Féminin !

PRÉLARD.

Vous l'avez deviné tous deux !!

MURPHY.

Mais cela ne signifie rien !... Vous n'aviez qu'à réclamer !

PRÉLARD.

Oh ! monsieur ! on voit bien que vous ne savez pas ce
que c'est que les tribunaux français !... Jaloux de me voir

restituer le sexe qui m'appartenait, mon père commença les démarches nécessaires pour faire rectifier sur les actes de l'état civil une aussi désastreuse erreur! Mais les vacances de la magistrature allaient arriver. Vous savez que la Justice vit surtout de congés. L'examen de la réclamation paternelle fut remis. On arriva aux vacances de Pâques, de la Pentecôte, aux grandes vacances, suivies aussi d'autres vacances de Pâques qui, à leur tour...

MURPHY,

Passez!...

PRÉLARD.

Tant et si bien que les années s'écoulèrent et que mon père, lassé, abandonna tout en disant: « Il saura bien prouver qu'il est un homme! » Pauvre père!

MURPHY, sévèrement, mais avec intérêt.

Le grand raffineur?

PRÉLARD, doucement.

Non, le fils du grand... Arriva le moment de me mettre au collège. Le proviseur, naturellement, demanda mon acte de naissance. C'est ici, messieurs, que se place, pour moi, le premier jour où je fus ridicule. Cet homme à lunettes fut pris d'un tel fou rire, que mon père dut lever son parapluie! Moi, je cassai le dossier d'une chaise, pour prouver que je n'étais pas dénué d'énergie. Mon père était vif, vous venez de le voir. Il jura beaucoup et, sans compter: ni une ni deux, comme il disait, pauvre père! se fit naturaliser Suisse avec moi... « Je ne veux plus des tribunaux français! » s'écria-t-il, « le pays y perdra deux électeurs! »

MURPHY.

La France en a plus qu'il ne faut pour se consoler! Mais alors, vous êtes tout simplement Suisse, cela s'avoue; il m'est bien indifférent de donner à ma fille, qui est Américaine, un Français, un Anglais, un Belge ou un Suisse.

PRÉLARD, avec effort.

Je ne suis pas Suisse, monsieur... je suis... Suissesse!

MURPHY.

Suissesse! Allons donc!

GASTON.

Cela se complique !

PRÉLARD.

Là-bas, comme ici, il me fallait attendre le bon vouloir d'une administration, et pas plus là-bas qu'ici, vous ne trouverez de magistrats qui consentent à marier une Américaine avec une Suissesse.

MURPHY.

Mais alors, votre situation sans précédent est simplement grotesque et vous auriez dû vous la rappeler quand vous êtes venu chez moi.

PRÉLARD.

L'amour !.. la crainte d'être si ridicule aux yeux de celle...

MURPHY.

C'est possible... mais comme je ne veux pas que le ridicule qui vous poursuit s'attache à ma fille, je vous prie de...

Il lui montre la porte au fond.

PRÉLARD.

Croyez, monsieur, que j'en mourrai.

MURPHY.

C'est votre affaire!

PRÉLARD.

Je le jure!

GASTON, bas à Murphy.

Il est homme d'honneur, il serait assez bête pour se tuer.

MURPHY, simplement.

Je n'y vois pas d'inconvénient. (Musique.) Allons bon! la seconde partie du concert.

La musique pianissimo dure jusqu'à vers la moitié de la scène suivante.

PRÉLARD, il prend son chapeau, jette un regard attristé autour de lui.

Je ne la verrai plus! (Il envoie des baisers aux murs, aux meubles, se retournant vers Murphy.) Monsieur?

MURPHY.

Oh

PRÉLARD.

Voulez-vous me prêter ce revolver pour en finir? (Mouvement de Murphy.) Je vous le rapporterai!... Pardon, je vous le ferai rapporter demain matin.

MURPHY.

Non... j'y suis habitué... j'y tiens... pour mes hommes de confiance.

PRÉLARD, à Gaston et à Murphy.

Mille regrets!

MURPHY.

Bonsoir ! (Musique. — Grand temps. — Prélard s'avance vers la table et, de la main, montre à Gaston le citron qu'y a laissé Édith ; celui-ci le lui donne et Prélard se dirige vers la porte du fond. — A Gaston.) Vous n'auriez pas un autre gendre, par hasard ?

Prélard s'est dirigé en chancelant vers la porte du fond qui s'ouvre à deux battants laissent voir Édith et Pigatt entrant dans le salon. Édith tient un livre ouvert à la main. En la voyant, Prélard s'incline comme devant une apparition.

GASTON.

Ah!

SCÈNE VII

LES MÊMES, ÉDITH et PIGATT.

MURPHY, qui tourne le dos à la porte et ne peut voir ni Édith ni Pigatt.

Qu'est-ce que c'est?

ÉDITH, simplement.

Votre fils, mon père!

MURPHY.

Qui, mon fils? Quoi, mon fils? mais je n'ai pas de fils !

ÉDITH.

Si, mon père, et votre fils, c'est moi !

MURPHY.

Hein?

PRÉLARD.

Je deviens fou !

GASTON, enthousiasmé.

A la bonne heure !... voilà un homme !...

ÉDITH.

Il faut bien que la législation du nouveau monde autorise les jeunes filles à devenir des garçons puisque celle de l'ancien peut forcer les garçons à devenir des filles. Le révérend Pigatt m'a éclairée.

MURPHY.

Éclairée ?... Qu'est-ce que vous avez bien pu lui dire ?

PIGATT.

Ce que je vous dis à vous-même... qu'il ne faut pas laisser croire à ces messieurs que la variété 27 de la civilisation des Mormons, celle qui vous a uni à votre femme et qui a donné ses droits à votre fille, n'est qu'une plaisanterie. Enfin, qu'il est impossible que vous, homme libre et de raison, vous vous soumettiez au joug et aux erreurs de la paperasserie européenne. Les Français, quoi qu'ils en disent, adorent l'obéissance et l'administration, et vous n'en avez pas plutôt réuni trois, qu'ils se sont nommé un président et deux vice-présidents qui convoitent tout de suite sa sonnette ! Reprenez donc votre liberté !

MURPHY.

Comment ?

PIGATT, indiquant un passage du livre à Édith.

Quatorzième verset.

ÉDITH, lisant.

« Tous ceux qui appartiennent à notre secte, ont le » droit, dans les circonstances solennelles d'où dépend le

» bonheur de la vie, de renoncer à tout, à leur nationalité,
» à leur religion, à leur famille, à leur nom. »

PIGATT.

A tout, enfin !

ÉDITH.

Voilà le texte, et je viens vous dire, devant ce livre,
rédigé par M. Pigatt, que depuis dix minutes, j'ai renoncé à...

MURPHY, vivement.

Assez ! Folie ! folie et inconvenance !

ÉDITH.

Non, mon père ! (Se tournant vers Prélard et le saluant de la tête.)
Mademoiselle Prélard, j'ai l'honneur de vous demander
votre main, pour le fils de M. Murphy.

MURPHY, furieux.

Par exemple ! mais on se moque de moi ici !... Je vais
chasser mes invités et je reviens ! (La musique cesse sur un signe
de Pigatt.) Voulez-vous bien me dire maintenant où vous
voulez en venir ?

PIGATT.

Mais c'est bien simple !... à vous faire accepter une situation toute naturelle.

MURPHY.

Naturelle ! Comment, ma fille serait mon fils, elle épou-
serait un homme qui deviendrait ma bru !

GASTON, lui montrant Prélard et Édith qui se regardent avec amour.

Regardez si cela les gêne !

MURPHY, colère et ému.

Embrassez-vous donc que je puisse repartir pour mes
mines !

PRÉLARD, à Édith, lui tendant les bras,

Ah! monsieur!

ÉDITH, s'y laissant doucement tomber.

Ah! mademoiselle!

MURPHY.

Elle: monsieur!... Lui: mademoiselle!... Quel fouillis!...

GASTON.

Ne vous inquiétez pas; l'amour aura bien vite débrouillé tout cela!

Reprise de la musique dans le lointain.

FIN

PARIS. — IMPRIMERIE CHAIX. — 20, RUE BERGÈRE. — 6525-3-90.